# SOLUTION

## DU

# PROBLÈME SOCIAL.

# TABLE DES MATIÈRES.



FIN DE LA TABLE.

# SOLUTION
# DU PROBLÈME SOCIAL

ET

## RÉORGANISATION DU SYSTÈME FINANCIER

OU

## LA FRATERNITÉ MISE EN PRATIQUE.

Assurance contre tout ce qui peut provenir par la force majeure : Incendies, Inondations, Grêle, etc. ; Coalition contre la Misère ; Abolition du Tirage au sort, des Droits réunis, des Octrois, des Patentes ; Droits des Portes et Fenêtres ; Journées de prestation pour les Chemins vicinaux. — Tous ces droits seront avantageusement contrebalancés par le revenu de la solution que je présente à l'examen des gens consciencieux et impartiaux. — Elle est basée sur les principes du Christianisme, de ne pas faire aux autres ce que nous ne voudrions pas qu'on nous fît à nous-mêmes.

## PAR M. MARTIN LORAIN.

Craindre Dieu et garder ses commandemens
c'est là le tout de l'homme.     (S. MATHIEU.)

ALAIS,
IMPRIMERIE ET LIBRAIRIE DE Mme Ve VEIRUN.
—
1851.

# A MONSIEUR LE PRÉSIDENT DE LA RÉPUBLIQUE.

*Monsieur le Président,*

Je suis fils d'un soldat; mon père ne possédait rien dans le monde que la sagesse et le souvenir de ses faits d'armes sous la première République. Persuadé que vous n'auriez d'autre but que de poursuivre la réalisation pratique et définitive de ces principes, je vous ai donné mon suffrage comme tant d'autres.

Dans mon style simple et naturel, j'ai rédigé une solution que je me permets de vous adresser, et qui d'après tous les moyens qu'elle présente, paralyserait tous les abus et fournirait à tous les besoins de la société.

Je serais heureux si, par mes soins, je pouvais porter quelques soulagemens à mes compagnons de travaux et d'infortunes, les paysans, avec qui j'ai passé des jours de fraternité; je regrette de n'avoir pu terminer ma carrière au milieu d'eux. Pardonnez mon style. Ayez égard à ce que mes jeunes années se sont écoulées en faisant manœuvre. On connaît l'arbre à son fruit; c'est au travail qu'on connaît l'ouvrier. Ce n'est pas avec de beaux discours que la société trouvera son bien-être : c'est dans l'accomplissement des bonnes œuvres multipliées.

Agréez, Monsieur le Président, mes sentimens de respect et de fraternité.

**MARTIN LORAIN.**

Maçon, à Lasalle (Gard).

SOLUTION

# DU PROBLÈME SOCIAL

ET

## RÉORGANISATION DU SYSTÈME FINANCIER

### OU LA FRATERNITÉ MISE EN PRATIQUE.

———

POUR trouver la solution, depuis si longtems ignorée, du problème social, il faut avoir une base dans laquelle on puisse trouver la part de fourniture et celle du revenu. Que chacun des membres qui composent la société est en droit de réclamer ou de fournir.

#### ARTICLE PREMIER.

La société est composée de travailleurs, de propriétaires, de rentiers et d'employés qui composent le Gouvernement. Cela fait quatre puissances ou corps d'état, qui ne peuvent pas vivre sans leurs secours mutuels.

Le Gouvernement est le gardien responsable de la société et le régularisateur de ses droits. Il ne peut faire du bien à la société que dans la proportion de ses revenus ou de ses recettes.

La propriété ne peut pas se soutenir par elle-même, puisqu'elle est la mère nourricière de la société, et elle ne peut l'alimenter que dans la proportion du travail qu'on lui administre.

C'est la proportion du travail qui alimente plus ou moins la société, et si la proportion du travail était augmentée, la société serait plus alimentée.

Le travail ne peut pas être administré de lui-même

à la propriété sans le secours du capital. Les capitaux se trouvent par ce motif les instrumens indispensables pour faire vivre la société. On ne doit pas prétendre pour cela que les capitaux doivent retirer à eux seuls le revenu du travail et celui de la propriété.

C'est ce droit du travail et celui de la propriété qu'il faut réglementer, et le concilier avec le Gouvernement et le capital.

C'est un mécanisme qui ne peut pas fonctionner si les quatre élémens qui le composent ne sont pas réduits au même dénominateur.

Le dénominateur de tous les hommes, c'est leur intérêt particulier, et pour les faire fonctionner ensemble, il faut établir un intérêt qui soit en même tems commun et particulier.

Art. 2.

Il y a un intérêt commun et particulier qui n'est pas au pouvoir de l'homme de changer : c'est le revenu du sol. La propriété ne rapporte en moyenne que le 3 p. %, et sur ce revenu, le Gouvernement prélève le 10e pour ses contributions, ce qui le réduit à 2 f. 70 c. On trouve encore que c'est un bon placement. La majorité de la société trouve que ce placement est stable, qu'il n'y a rien de mieux que d'avoir sa fortune assurée sur la propriété.

Dans l'intérêt de la société et du bien public, l'on doit prendre les revenus de la propriété pour base dans toutes les relations communes et commerciales; que le nombre cent soit le dénominateur commun de la société et que le nombre trois soit le numérateur général. Dans l'intérêt des travailleurs et de la classe laborieuse, à quelle nature que soit la chose prêtée ou affermée, il faut que le 3 p. % de revenu ou d'intérêt soit la part des propriétaires, ou des capitalistes, et ce que le travail y pourra faire rapporter de plus, soit au profit des industriels et des ouvriers.

## Art. 3.

Un obstacle se présente pour l'accomplissement de ce projet ; c'est que le numéraire métallique n'est pas en harmonie avec les quatre élémens qui composent la société, par le motif que les capitaux, vrais instrumens du travail, se trouvent exclusivement entre les mains d'une classe de privilégiés qui prétendent à son monopole et en font un objet de spéculation.

Lorsque certaine forme de Gouvernement ne peut pas fonctionner dans leur propre intérêt, sous prétexte qu'il n'inspire pas de confiance, ils retirent leurs capitaux d'entre les mains de la société pour les cacher ou les entasser, et du moment qu'on les a retirés tous les travaux sont arrêtés. Les travailleurs qui n'ont d'autres ressources pour vivre que le fruit de leur travail se trouvent réduits à la plus affreuse misère. C'est ce qu'il faut prévenir et en interdire à jamais le retour.

## Art. 4.

Tous les jours l'on voit des extraits de ventes par saisie immobilière ; ce sont des capitaux qu'on avait prêtés à la propriété, et si le propriétaire a le malheur de se trouver dans quelque position malheureuse, bien souvent c'est la récolte qui a manqué, ou il a éprouvé des pertes de bestiaux ; la conscription en a aussi ruiné beaucoup pour faire des remplaçans à leurs enfans. Certains capitalistes profitent souvent de son adversité pour réclamer le solde de ce qui leur est dû. Et si le propriétaire ne trouve pas à le lui rendre à sa volonté, sa propriété est saisie et vendue, quelquefois pour la moitié de sa valeur. C'est par ce fait que beaucoup de propriétaires se trouvent déshérités de leurs propriétés et expulsés sans espoir de retour.

Cet état de choses est d'autant plus déplorable, que le propriétaire ne peut pas dire à la justice, moi aussi je veux être remboursé, voici le contrat de l'acquisition de la propriété et l'état des réparations que j'ai faites : la propriété me revient à tant, le capitaliste ne m'a prêté que tant, ce n'est pas à ma confiance que l'argent a été prêté, c'est à la confiance de la propriété : moi aussi c'est à la propriété que j'ai employé mon argent et celui du capitaliste. La propriété nous doit à tous les deux : mon hypothèque est la première, elle doit avoir pour le moins autant de valeur que celle du créancier. Nous sommes tous les deux enfans de la propriété, je suis l'aîné, j'ai travaillé en bon fils et d'après la loi, vous me déshéritez en faveur de l'usure et de l'égoïsme.

A qui comparer ma position, si ce n'est à celle d'un homme qu'on vient d'arrêter sur la route et dont les malfaiteurs se partagent entre eux les dépouilles aux enchères. Celui qui participe à la vente de mon bien en mon absence, est partisan de celui qui me spolie.

### Art. 5.

C'est indigne d'une nation civilisée et la société ne pourra survivre ni se soutenir que lorsqu'elle se sera créée une monnaie nationale pour faire concurrence à celle de l'or et de l'argent, et qu'on l'aura prise dans la propriété de chacun des membres qui la composent.

Pour obtenir un pareil résultat, il faut que le Gouvernement fasse pour les propriétaires ce qu'il fait pour les capitalistes. Puisqu'il a créé du papier-monnaie ayant cours avec la garantie de la Banque, il peut en créer sous la garantie de la propriété. On alléguera que les billets de banque sont convertis en argent à la volonté des détenteurs.

### Art. 6.

Les détenteurs des bons de la propriété auront un bien plus grand avantage en ce que l'Etat leur garantira un intérêt à 3 p. %, de tous les bons dont on voudra bien lui confier le dépôt, et qu'il ne prendra pas l'argent sans en avoir l'emploi. Avec le concours de l'Etat, les bons de propriété seront préférés, mais il faut que les propriétaires aient la faculté de se prêter des valeurs à eux-mêmes, selon leurs besoins, jusqu'à concurrence de deux cents fois le montant de leurs contributions ; et même pour sauvegarder l'amour-propre et l'honneur de son prochain nécessiteux, qui préférerait payer plus cher l'intérêt que de mettre sa signature en circulation, il faut que la prestation de valeurs à soi-même soit obigatoire comme la prestation des journées pour l'entretien des chemins vicinaux.

Il faudrait que tous les propriétaires fussent obligés de faire des bons pour une somme égale à dix fois le montant de leurs contributions et qu'ils en paient leurs dettes, ou qu'ils les emploient à faire des réparations à leur propriété. Qu'ils en fassent, en un mot, comme si c'était des billets de banque, et personne ne pourra dire ni prétendre que les uns ont plus de valeur que les autres, par le motif que, si les uns ont leur garantie dans la valeur de la matière qui est renfermée dans les caves de la Banque, les autres ont leur garantie dans la valeur de la propriété de celui qui les a consentis, et la garantie de ce dernier est en plein soleil qui fructifie et qui porte intérêt au profit de la communauté.

La propriété est le champ du travail, et les instrumens de travail doivent faire partie de la valeur de la propriété. C'est une fraction de la propriété qu'on a besoin de mobiliser et de mettre en circulation pour faire valeur ensemble. Cette disposition suppléerait à tous les besoins de la société et la mettrait à l'abri de l'usure et de l'influence des capitaux. Par ce fait, chaque propriétaire pourrait emprunter à sa propriété toutes les sommes dont il aurait besoin, pour améliorer sa propriété et se libérer envers ses créanciers.

## Art. 7.

Du moment qu'un propriétaire fait son travail et paie

ses dettes, il augmente sa fortune, sa propriété augmente de valeur : c'est par ce motif que les instrumens de travail ne peuvent pas s'emprunter gratuitement à la propriété de chacun, sans que le propriétaire s'engage à en payer l'intérêt à 4 p. % à la communauté. Il sera plus avantageux aux propriétaires de payer l'intérêt à 4 p. % à la société dont il fait partie, que de payer 5 ou 6 p. % aux capitalistes.

### Art. 8.

Pour organiser le moteur qui doit faire fonctionner ces quatre élémens ensemble, et d'une manière équitable et éternelle, il faut que le Gouvernement rende une loi que, vu l'état déplorable dans lequel se trouve la société, que l'usure ou l'égoïsme, la conscription, les droits réunis, les octrois, etc., ont porté la désolation dans nos villes et nos campagnes, il est tems de mettre un terme à cet état de choses; que la propriété, mère nourricière de la société, lorsqu'elle sera soutenue par l'Etat, pourra se suffire à elle-même.

Qu'en conséquence de ce fait, il sera organisé un Comptoir national dans chaque chef-lieu de canton où tous les contribuables qui composent la perception de ce canton, seront obligés de mobiliser une fraction de leurs propriétés, et jusqu'à concurrence de dix fois le montant de leurs contributions, pour la convertir en actions commerciales ayant cours.

Ces actions seraient représentées par un coupon qui prendrait le titre de *Bon national* de la somme qui y serait mentionnée, qu'il hypothèquerait sur la propriété de celui qui l'aurait consenti et mis en circulation.

### Art. 9.

Pour donner une idée de la manière dont le Comptoir national serait fondé, je prends la première cote venue (je la suppose libre) qui est de vingt francs, je multiplie cette cote par dix comme la loi l'exige, donc $20 + 10 = 200$, que le comptable du Comptoir national enregistrera avec la date du jour de la délivrance du bon et avec la mention que ce bon a été livré à un tel. Ce dernier écrira sur le bon : *Bon pour deux cents francs*, et le signera. Le Directeur du Comptoir national y ajoutera : *vu, bon pour un an*, le signera et y apposera le sceau de l'Etat. Ce bon sera imprimé et s'exprimera en ces termes : « En vertu de la loi qui oblige tous les propriétaires à mobiliser une fraction de leurs propriétés pour les convertir en actions commerciales ayant cours, je consens à ce que l'Etat prenne une inscription sur ma propriété de la somme de deux cents francs, montant d'un mandat que je suis disposé à mettre en circulation en ma faveur, me réservant le droit de pouvoir me libérer sitôt que mes facultés me le permettront. »

Ces mandats seront faits en double, dont l'un sera fait au profit de l'emprunteur qui le négociera à son profit, et l'autre sera le solde anticipé qui prendra sa date un an après et le même jour que le premier le finit. Ces bons ne porteront pas d'intérêt, c'est un compte à régler en particulier avec le Directeur du Comptoir national.

C'est ce revenu qui fait le mérite de la solution, revenu colossal pour l'Etat ou pour la commune.

Attendu que les bons qui sont en circulation passent par tant de mains, il est inutile de laisser l'intérêt au profit des détenteurs, puisque l'usage contraire est établi, que les billets de banque circulent sans intérêts.

Les 2<sup>mes</sup> bons seront de même valeur que les premiers, ils resteront au pouvoir du Directeur du Comptoir national, et seront mis dans un tiroir ou carton qui sera disposé à cet effet.

Pour prévenir toutes les fraudes que la malveillance a inventée pour faire des dupes, il faut qu'il soit créé un bureau conservateur, non pas d'hypothèques, mais

un bureau conservateur de la propriété et de la famille ;
qu'on ne puisse jamais exiger le remboursement d'une
créance toutes les fois que les intérêts sont régulièrement
payés à 4 p. %. Dès que l'on veut l'argent assuré sur
la propriété, on doit se contenter du revenu de celle-
ci pour paiement du prêt d'argent.

La créance peut être convertie en actions commerciales
ayant cours, et on ne peut pas convertir une propriété
en argent comptant. Sans faire de dupes, excepté que
le propriétaire la vende à corps défendant, c'est la
propriété et la famille qu'il faut assurer avant tout.

Dans la maison commune de chaque localité, il y
aura une salle disposée à cet effet, qui prendra le nom
de salle du Comptoir national, dans laquelle il y aura
toutes les pièces relatives au plan cadastral du canton
et de la localité.

## Art. 10.

Dans le Comptoir national il sera ménagé un tiroir
ou un carton particulier pour chaque section de cote de
contributions. C'est dans ce tiroir que seront renfermé
tous les droits et charges de la propriété que représente,
sous la surveillance du juge de paix, du percepteur et
du maire, salarié, qui composeront le bureau du Comptoir national. Leurs actes seront authentiques comme
ceux de deux notaires associés ; ils seront les conducteurs
de la maison paternelle, de la société, et les protecteurs
de la veuve et de l'orphelin. Ce sera dans ce tiroir que
le procureur mettra les bons que nous avons mentionnés
ci-dessus, qui doivent être le solde du bon qui est mis
en circulation. Celui dont l'emprunt obligatoire ne
sera pas suffisant pour mettre le propriétaire au courant
de ses affaires, et qui sera dans la nécessité de s'emprunter davantage, faira toujours les effets en double
comme il est mentionné ci-devant.

Lorsque l'année sera écoulée, les bons reviendront
au Comptoir national pour être renouvelés et réhabilités.

Le procureur du Comptoir national les échangera par ceux qui sont déposé à cet effet dans le tiroir ci-dessus mentionné, et ceux qui rentreront seront mis dans ce même tiroir en attendant le retour du propriétaire, pour savoir s'il veut renouveler ou solder.

## Art. 11.

On peut libérer sa propriété sans argent. Quoique les bons ne soient faits que pour un an, ils sont bons pour quinze mois. Une fois les quinze mois écoulés, le propriétaire se présentera au Comptoir national pour régler sa comptabilité et payer ses intérêts (1).

S'il a fait de bonnes affaires dans le courant de l'année, qu'il se soit enrichi avec d'autres bons en sus de ce qu'il lui faut pour passer l'année suivante, il se rachètera, et au lieu de renouveler les effets en son nom il les remplacera par ceux qu'il aura gagnés, et chaque année il aura la faculté de pouvoir libérer sa propriété, comme aussi celle de pouvoir l'aggraver.

S'il fait de mauvaises affaires, qu'il se soit trouvé dans le besoin, et que le comptable du Comptoir lui ait fourni des bons pour une somme égale à deux cents fois le montant de sa contribution, il n'a plus rien à prétendre, le Comptoir national lui ayant compté tout ce qu'il était en droit de réclamer.

S'il peut se soutenir dans cette position, pourvu qu'il soit exact à payer ses intérêts et à renouveler ses bons, il pourra jouir paisiblement de sa propriété; mais s'il ne le peut pas, il faut qu'il vende, et s'il ne

---

(1) Si c'est le propriétaire d'une propriété libre, il doit toujours l'intérêt des bons qu'il a mis en circulation, pour une somme égale à dix fois le montant de sa contribution, ainsi que la loi l'exige, sans pouvoir se racheter, attendu que c'est à titre de prime d'assurance contre l'incendie, etc.; si c'est le propriétaire d'une propriété grevée, il doit non-seulement l'intérêt de l'emprunt obligatoire, mais l'intérêt de tous les bons que le comptoir national l'a autorisé de mettre en circulation.

l'avait pas vendue dans le courant de l'année, le comptable la lui fera vendre aux enchères et sans frais.

La première mise à prix sera le montant de ce qui est dû au Comptoir national, et le surplus de la vente sera remis au propriétaire.

### Art. 12.

Le nouvel acquéreur se mettra au lieu et place dn propriétaire sortant. Il renouvellera les bons avec ceux qu'il a gagné dans le commerce, où si c'est un capitaliste, avec les bons qui proviennent du solde de ses anciennes hypothèques. Il retire les autres qui sont faits au nom du propriétaire sortant, qui lui servent de quittance.

Il est inutile de faire de plus longs détails ; on comprend bien que les bons ne reviendront plus dans ce même tiroir : ils vont retomber où ils ont pris naissance.

Voilà d'abord une propriété acquise sans aller à la banque chercher une charretée d'argent pour la payer.

Les bons de propriété ont rempli le même but que les billets de Banque, et dans le tems qu'ils nous ont servi pour faire nos relations commerciales, le paysan ou le propriétaire en paie 4 p. % d'intérêt à l'Etat ou à la commune.

Le comptable du Comptoir national en faira autant pour tous les contribuables de la perception du canton, et leur fournira un carnet propice pour la comptabilité des bons.

Si la perception du canton s'élève à 30 mille francs, dix fois trente mille francs font trois cent mille francs, qui seront répartis entre les contribuables, chacun selon sa cote. Les contribuables les répartiront à leurs fermiers ou locataires, chacun selon sa ferme ou location. Ce sera l'inauguration du papier-monnaie répartie dans toutes les classes de la société.

## Art. 13.

Ces trois cent mille francs, mis en circulation à quatre pour cent, fairont douze mille francs que la commune aura de revenu pour cet objet.

Lorsqu'une loi est vicieuse, qu'elle a fait beaucoup de mal, s'il y a un moyen de la convertir et lui faire rapporter en bien ce qu'elle a fait en mal, il vaut mieux la convertir et la conserver que de l'annuler.

La conscription a fait assez de victimes. Il conviendrait qu'à l'avenir elle fut convertie en fourniture d'argent.

Que toutes les fois que l'ainé ou l'ainée d'une famille atteindront la vingtième année, le père fut obligé de payer au Comptoir national une somme égale à dix fois le montant de ses contributions.

Les familles qui n'ont pas de postérité, comme les veufs sans enfans, les célibataires qui bien souvent ont de grandes propriétés et qui n'ont rien fourni pour la conscription, doivent aussi fournir leur contingent pour payer les frais de l'armée.

## Art. 14.

Du moment où la loi serait rendue, ils verseraient au Comptoir national une somme égale à dix fois le montant de leur contribution.

Chaque 25 ans, cela se reproduirait, ce qui ferait 300,000 fr. de recettes pour le canton, dont le 25e égale 12,000 fr., que le Comptoir national aurait de revenu chaque année. Cela vaudrait mieux que le tirage au sort et serait plus légal.

D'après tout ce qu'on vient d'exposer, lorsque les hypothèques seront liquidées et converties en monnaie ayant cours, chaque canton qui paie 30,000 fr. de contributions aura un revenu annuel de 25 à 30,000 fr. Ce système double le revenu de l'Etat sans faire de victimes, et si la France avait besoin d'un coup de main pour la préserver d'une invasion étrangère, chaque canton pourrait fournir une levée de 200 hommes et la payer de ces revenus ; s'ils n'étaient pas suffisans, il aurait la faculté d'anticiper sur une classe et même sur deux, trois, s'il le fallait, de la conscription fournie en argent. Nous avons vu prendre trois classes dans la même année où les hommes coûtaient 5 ou 6,000 fr. chacun. Une fois ce système adopté, la France n'aura plus rien à craindre du dehors ni du dedans. Ceux qui auront l'argent ne seront pas plus avancés que ceux qui auront du bien ; au contraire, l'argent ne servira à son maître qu'en le quittant et les bons lui laisseront un bien-être héréditaire dans sa postérité.

Les propriétaires auront le droit de s'emprunter jusqu'à concurrence de 200 fois le montant de leurs contributions, ce qui augmentera considérablement les revenus de la commune et la mettra à même de pouvoir supprimer les droits réunis, les droits d'octroi, les journées de prestation, les patentes : tous ces droits qui sont à la charge de nos frères, les travailleurs, qui méritent la sollicitude du Gouvernement et leur place dans la société.


### Art. 15.


La solution que je propose est d'un grand avantage pour les propriétaires ; ils pourront se libérer de leurs hypothèques au moyen de bons qui auront cours forcé, et si les capitalistes ne voulaient pas les recevoir, en paiement, les propriétaires auraient la faculté de les laisser en dépôt au Comptoir national, ce dernier en paierait l'intérêt aux capitalistes à 3 p. %, revenu égal de la propriété.

Il ne resterait que 1 p. % pour le Comptoir national, mais le Comptoir ayant l'avantage de faire valoir les bons qu'il a en dépôt et qu'il pourrait prêter au

commerce à 3 p. %, ce qui ferait 4 p. % que les hypothèques rapporteraient à l'Etat ou à la commune.

Les hypothèques seraient comme si les capitalistes
avaient prêté leur argent à 3 p. % au Comptoir national
et que ce dernier l'eût prêté à 4 aux propriétaires.

Les capitalistes ont le choix de garder leurs bons
ou de les laisser au Comptoir.

Le Comptoir n'en paie l'intérêt qu'autant qu'il a les
bons à sa disposition.

Il n'y a que le Comptoir national qui ait qualité de
recevoir l'intérêt des propriétaires, autrement il y aurait
un conflit si l'intérêt était au profit des détenteurs de
bons. On en ferait un autre agiotage comme on a fait
de l'argent et de l'or.

## Art. 16.

Du moment que le Comptoir national sera établi et
qu'il aura fait des bons à tous les propriétaires pour
se libérer de leurs hypothèques et de toutes leurs
dettes, il se constituera en Banque nationale.

Les propriétaires paieront l'intérêt à 4 p. %, et la
Banque en paiera 3 aux capitalistes ou aux rentiers.

Celui qui jeta les premiers fondemens du gouvernement par la justice a dit : « Rendez à César ce qui
appartient à César. » Aujourd'hui, c'est le peuple qui
est souverain et qui est le César d'alors ; il réclame
ses droits ; il peut et doit réglementer le prêt d'argent
dans un intérêt général. Si Louis XVI l'avait prévu et
mis en pratique, en ne cédant pas aux intrigues de son
entourage, il n'aurait pas perdu la vie sur l'échafaud,
et il nous aurait évité toutes les révolutions qui ne fini-
ront que quand ce système sera bien compris et mis
en pratique. Quand on est fort et courageux, on
n'accepte pas la faveur du despotisme, on le comprime,
quoiqu'il se dise être votre meilleur ami et qu'il vous
entoure continuellement de flatteries ; il vaut mieux le
comprimer par la force si on ne peut y parvenir par la

**

raison, que de se laisser comprimer soi-même par ses propres forces et par ses lois.

Art. 17.

L'Etat doit considérer que la fertilisation de la monnaie lui appartient, que du moment que l'argent ou l'or sont passés par sa filière, les productions qui en découlent font partie du domaine public ; et que si cette filière de l'Etat a fertilisé la matière qui est en circulation, la fertilisation doit appartenir à la communauté ; qu'une fraction de la société n'a pas le droit de s'emparer du monopole de l'argent, pour en faire un objet de spéculation et d'exploitation envers ses semblables, attendu que cette matière ne provient pas du domaine particulier.

Quant à la matière qui n'est passée que par des filières bourgeoises, comme celles des orfèvres, graveurs, fondeurs, etc., tous ces artistes ne produisent que des médailles ou des ustensiles qui, plus ils vieillissent, moins ils valent.

Cette matière n'est pas recherchée par les capitalistes ; quoiqu'elle soit mieux travaillée, elle n'est pas monnoyée et par conséquent elle n'est pas fertilisée.

Art. 18.

Pour monnoyer et fertiliser la matière, quand elle est passée de matière brute en monnaie frappée à l'effigie de l'Etat, il faut une forte pression qu'on ne peut obtenir que dans un Gouvernement, et la matière qui est passée par toutes les filières de ce Gouvernement est si bien fertilisée qu'elle se reproduit chaque quatorze ans (1).

---

(1) Les paysans sont exposés à beaucoup de revers, bien souvent par la perte de leurs bestiaux ; lorsque cela leur arrive, ils se flattent qu'ils pourront se refaire de cette perte à la récolte prochaine, ils vont à la banque emprunter huit cents francs qui leur manque, ils s'engagent à les rendre dans un tems voulu qui correspond à la rentrée de leurs denrées, mais si la

Mais cela n'est pas sans déchirement de douleur et de larmes que fait couler à nos paisibles habitans des campagnes l'approche fatal du terme de l'accouchement.

Les douleurs de l'enfantement sont si violentes, que pour appaiser la colère des dieux, il faut immoler un paysan en sacrifice à l'égoïsme. Ce sacrifice a lieu dans le temple de la justice, en présence de tous les principaux sacrificateurs et de tous les adorateurs de l'idole que le ciel va faire naître à l'extinction du dernier feu.

Le ciel est irrité de toutes les vexations qui se commettent dans ce siècle. Ce qu'il y a de plus horrible, c'est la loi sur la conscription. C'est par le motif que le père est pauvre, qu'il ne peut pas racheter le sort de son fils qu'il l'aime davantage. La loi et les gendarmes ne peuvent pas commettre un plus grand attentat contre la famille et la religion, que celui de s'introduire par la force dans la demeure d'un pauvre père de famille, les armes à la main et les pistolets montés et dirigés vers la poitrine d'un pauvre enfant décrépi par la misère, qu'ils vont prendre à son établi etqu'ils somment, au nom de la loi de les suivre, et s'il n'obéit pas à leur

---

récolte vient à leur manquer, ils se trouvent avoir vendu la peau de l'ours avant de l'avoir couché par terre. Ils manquent leur coup, mais la banque ne les manque pas, il faut payer ou bien s'exposer au protêt pour ne pas perdre sa confiance; ils vont trouver le capitaliste, leur expose leurs malheurs, le capitaliste qui se respecte, leur dit, dans un autre moment je vous aurais rendu service avec beaucoup de plaisir, mais dans ce moment-ci je ne me trouve pas en fonds, si vous étiez venu hier j'aurais pu vous satisfaire; un autre leur dit qu'il a son argent placé dans le commerce, qu'il lui rapporte le 25 p. %, et qu'il aime mieux le faire valoir que de le placer à l'intérêt.

Le propriétaire qui n'a que le délai de la journée pour se libérer, s'oblige à lui consentir une obligation de la somme de 1,000 fr. s'il veut lui prêter les 800 fr. demandés; l'accord fait ils vont chez le notaire qui n'est pas étranger à ces sortes de choses; il rédige l'acte et fait mention des 800 fr. qui ont été comptés sur table, et dit que les autres 200 fr. ont été comptés avant cette époque, les témoins signent l'acte et le tour est consommé, le propriétaire s'estime encore fort heureux d'avoir trouvé à se débarrasser de l'huissier qui l'attendait. C'est par ces sortes de choses, plus ou moins semblables, que la propriété se trouve grevée de 14 milliards. La dette double chaque 14 ans, si elle double une fois de plus toute la société sera asservie. Il est tems que nos mandataires s'occupent de la seule chose nécessaire, le salut de la France, qui pourrait périr par la force de ne rien faire. Plus on retarde de faire les réformes convenables, plus le danger devient éminent. Le rentier ou le capitaliste serait mieux servi de le faire entrer dans la balance sociale du revenu à 5 p. %, que s'il risque de perdre le tout dans un seul évènement.

ìnjonction, les fers qu'on lui rive ont bientôt raison de son refus. Pauvre innocent! il avait porté le numéro deux à la loterie du destin. La mère tombe morte, évanouie; le père est tout tremblant, il lui est impossible de porter secours à sa femme, morte de voir attacher son fils la chaîne au cou.

C'est le tableau du respect que les lois d'aujourd'hui ont pour la famille, la religion et la propriété qu'on ruine par l'effet de l'usure.

Pour faire rapporter à l'argent de gros intérêts, dès qu'il est passé de matière brute en monnaie frappée à l'effigie du gouvernement, on ne peut y parvenir qu'en entretenant une force armée et par le moyen de lois très rigoureuses. Si la terre est fertile, c'est qu'elle passe chaque jour sous l'action bienfaisante du soleil, et malgré cela elle ne double sa valeur que dans une période de 33 ans, c'est-à-dire qu'au bout de cette époque, on n'a jamais le double de propriété, quoiqu'elle se soit reproduite en revenus égaux au prix de son acquisition.

Celui qui la loue n'est pas obligé d'en rendre deux, il ne saurait où les prendre, et le propriétaire ne saurait où les mettre, et même si la terre n'a pas produit ce qu'on l'avait évaluée, celui à qui on l'avait louée, se retire sans être poursuivi.

C'est l'exemple qu'on aurait dû suivre pour le louage de l'argent, et payer le louage avec des denrées : c'est aussi difficile de rendre le double de l'argent, que de rendre deux terres.

On trouverait bien une autre terre en chassant une autre famille de paysans, et pour rendre l'argent au double, cela ne se fait que par expropriation : c'est la même chose, c'est de la barbarie perfectionnée.

Lorsqu'on a fait la loi sur l'intérêt de l'argent à cinq pour cent, on aurait dû limiter le délai du tems que cela devait durer: 30, 40 ou 50 ans, mais il faut une fin à toutes choses.

Les 2 p. % qu'on paie de plus, dans 50 ans, font le solde payé en 50 paiemens ou devront être acquittés.

Qu'un homme vende sa liberté ou qu'il se soumette à une servitude pour tout le tems de sa vie, il est maître de lui-même, mais il ne peut pas vendre la liberté de sa postérité et l'asservir à toujours.

Quoique l'Etat prétende fertiliser la matière à sa volonté, toutes les fois qu'il dépasse par ses lois, les revenus du sol, il commet un despotisme.

Si ce despotisme était au profit de la communauté, l'Etat se soutiendrait encore plus longtems, en ce que s'il reçoit d'un côté il répand de l'autre; mais ce despotisme n'est qu'au profit de quelques-uns.

Il ne faut pas s'attendre à des changemens tant que les adorateurs de ce système auront la majorité dans le parlement. On trouve que tout va pour le mieux dans le monde, leur argent qui ne rapporte rien par lui-même, on lui a attribué un revenu dans le cours d'une année, emporte le revenu de deux années de la propriété.

Donc chaque année le capital consomme à lui seul deux récoltes.

D'après cela ce n'est pas étonnant que la société soit malheureuse, il faut tout le revenu du sol et du travail pour payer l'intérêt de l'argent.

Mais comme avant tout il faut vivre, après qu'on a vécu il ne reste pas assez pour payer le louage de l'argent ; c'est ce qui fait que chaque année la dette s'augmente d'une maniere si effrayante, qu'elle nous fait aller aussi vite que la vapeur, et où nous conduit-elle? si ce n'est en Sibérie ou à l'antique esclavage.

C'est ainsi que s'accomplit chaque jour la prédiction du grand homme : « Dans 50 ans, toute l'Europe sera cosaque ou républicaine. » On peut devenir cosaque sans la force des armes, on peut le devenir par la force de l'égoïsme.

L'Etat veut que l'argent double sa valeur chaque vingt ans, et ceux qui en font le commerce, dépassant les bornes de cette réglementation qui est même de beaucoup trop onéreuse pour l'emprunteur, font doubler leur capital dans un espace de 14 ans, ils abusent de la protection du gouvernement qui les soutient.

Mais l'Etat ne peut pas faire autrement, parce qu'il est le débiteur des capitalistes, il est obligé de faire comme les paysans qui disent : nous ne pouvons nous soutenir que par l'emprunt, il faut le faire : qui gagne tems gagne tout.

Et quand viendra ce tems qu'on aura gagné toutes choses? Ce tems est prédit, il doit arriver, mais cela ne sera que lorsqu'on aura détruit le règne de Satan, car le règne de Satan c'est le règne du veau d'or que Moïse fit brûler. Il le moulut jusqu'à ce qu'il fut réduit en poudre, qu'il détrempa dans de l'eau qu'il fit boire aux Israélites (ainsi que cela est contenu dans le livre de l'*Exode*, chap. XXXII.).

Les adorateurs de cette poudre se sont si multipliés, et sont devenus si puissans aujourd'hui, que toute la société leur est asservie, ou tributaire.

Cependant nous sommes tous les habitans de la terre, nous devons tous vivre de sa végétation. « Que le premier d'entre vous soit le serviteur de tous, dit l'Evangile. » L'un a une chose et l'autre en a une autre, et pour bien vivre on a besoin d'un peu de chacunes d'elles. C'est la manière de se les transmettre ou de les échanger, qui fait le bien ou le mal de la société.

Jusqu'ici nous n'avons pas su faire nos transactions sans faire passer nos colis par le creuzet de l'argent, et le propriétaire du creuzet exige que pour transformer nos colis à notre usage, nous lui fournissions le double de ce que nous pouvons lui donner. C'est comme si le meunier disait à un pauvre misérable : mon ami, il m'est impossible de moudre ton grain si nous ne partageons pas la farine. Cette comparaison n'est pas exagérée, au contraire, un propriétaire qui doit la moitié de sa propriété et qui en paie l'intérêt à 6 p. $_0$/$^0$, si sa propriété est de 2,000 fr. et qu'il en doive 1,000 fr., cela lui fait 60 fr. d'intérêts, et sa propriété ne lui rapporte que 54 fr., déduction faite des contributions; à celui-là le meunier garde toute la farine et il réclame encore 6 fr. que le pauvre misérable est obligé de lui payer.

Du moment qu'il a porté son blé au moulin il est pris au piège; quelle désolation pour une famille qui se trouve sans pain, la mère avait mis le pot au feu pour faire déjeuner ses enfans avec une farinette (1), lorsque le père est arrivé sans porter la farine! C'est une famille en proie à la faim, spoliée par nos institutions. Le meunier l'actionnera en justice, sa propriété sera saisie et vendue. Les 1,000 fr. qui lui resteraient encore seront consommés par la prétendue justice. C'est atroce, pour une nation civilisée! Si on ne fait pas de réformes *convenables* ou si on ne s'amende pas, le sort de Sodome et de Gomorhe nous attend.

La solution que je présente est un moulin gratis qui convertit non-seulement le blé en farine, mais qui convertit toutes choses et remplit le même but que l'argent et l'or, et il n'en coûte rien, au contraire, c'est un instrument qui porte intérêt à 4 p. %, qui, joint avec le 6 p. % que l'argent nous coûte, fait une différence de 10, avec la faculté que chaque propriétaire pourra en avoir selon sa responsabilité; chacun à un crédit ouvert sur sa propriété à 4 p. %. Ce système ménage les intérêts de tous, il les réduit tous ensemble sur le même revenu, ayant pour base le 3 p. %.

Pour prévenir les fraudes et les contrefaçons des bons, le comptoir national fournira un carnet à chaque propriétaire et industriel. Pour leur comptabilité et pour l'endossement des bons qui sera fait conforme au modèle du bon qui est ci-contre et qui est composé de 6 colonnes, la 1re comprend le nom des départemens; la 2me les nom et numéro des cantons; la 3me les noms des débiteurs; la 4me le montant du bon; la 5me la mention de la date; la 6me la signature du débiteur. En se remettant les bons on copiera sur son carnet la ligne qui fait la mention du bon, on la rapportera sur son carnet qui

---

(1) C'est une soupe de farine cuite à l'eau.

est semblable au bon, l'on mettra (Gard) à la colonne
des départemens; Lasalle, n° 160 à la colonne des cantons; Paladan à la colonne des débiteurs; 200 fr. à la
colonne du montant du bon, 15 mars 1851 à la colonne
de la mention de la date, et le débiteur Paladan signera
à la colonne de la signature des débiteurs.

En se transmettant les bons de l'un à l'autre, ils
laissent des traces sur leur passage, c'est une lettre de
change dont on se garde réciproquement l'endossement
sur son carnet. Réciproquement celui qui reçoit signe
sur le carnet de son débiteur, et le débiteur sur le carnet
du créancier. Les carnets son faits en tableaux de recettes
et tableaux de dépenses; non-seulement on s'accusera la
réception des bons qui auront déjà passé par nos mains,
et si on y a joint des centimes métalliques pour faire le
solde de nos relations commerciales, le tout sera réglé
par écrit et à l'abri de toute contestation, ci-contre le
modèle du tableau du Comptoir national, composé de
8 colonnes, la 1$^{re}$ comprend le nom des contribuables;
la 2$^{me}$ le montant des contributions qui doit être le
10$^{me}$ du revenu de la propriété; la 3$^{me}$ la valeur de
l'immeuble qui doit être égale à 333 fois le montant
de la contribution; la 4$^{me}$ le montant de l'emprunt
obligatoire qui doit être égal à 10 fois le montant de
la contribution, plus le montant des hypothèques qui
doit figurer dans cette colonne; la 5$^{me}$ le montant de
ce qu'il reste de libre de la propriété, le montant de
cette colonne et de celle qui précède fait le montant
total de l'immeuble; dans la 6$^{me}$ c'est le revenu de la
commuue; la 7$^{me}$ c'est le montant du crédit que le
Comptoir national accorde à chaque propriétaire qui
doit être égal à 200 fois le montant de la contribution;
la 8$^{me}$ c'est le restant du crédit de chaque contribuable,
depuis la plus petite cote jusqu'à la plus grande, chaque
propriétaire à une place dans chacune des 8 colonnes.

D'après tout ce que nous venons de dire chacun doit
connaître la place qu'il occupe dans la société, et doit
savoir ce qu'il est en droit de réclamer ou de fournir
d'après ce projet.

Le prolétaire qui ne possède rien, et qui aime avec plus de tendresse ses enfans en raison des peines et des privations qu'il s'est imposé pour les élever, se dira : par l'effet de ce système on va supprimer les droits qui pèsent sur les comestibles nécessaires à nos familles, bien plus qu'à celles des heureux de ce monde, la conscription ne viendra plus nous arracher nos enfans pour les faire immoler en défendant une société qui se montre tant ingrate envers eux ; si jamais la fortune nous souriait au point de devenir patron, nous n'aurions pas de patente à payer pour avoir le droit de travailler, ni de cote personnelle pour avoir le droit de respirer et d'y voir : nous payons 60 francs pour notre loyer, en mettant ce système en vigueur, l'Etat nous bonifiera d'une année du prix de notre loyer, et le propriétaire sera tenu de nous en faire compte.

Un fermier qui paie 1,200 fr. pour l'exploitation d'une propriété, l'Etat le bonifiera d'une année de ferme, et le propriétaire devra lui en faire compte ; cette somme lui sera d'une grande utilité pour acheter ses engrais, améliorer ses terres et pour payer les gens qu'il occupe à l'enlèvement de ses récoltes.

Le propriétaire pauvre, accablé par l'usure, fera ce raisonnement : je paie 10 fr. de contribution, si la contribution est bien répartie, ma maison ou mon bien valent 3,330 fr., c'est-à-dire 333 fois le montant de la contribution ; pour me libérer envers mes créanciers j'ai besoin de 2,000 fr., il me restera une somme de 1,330 fr., et j'aurais à payer 80 fr. d'intérêt par an au Comptoir national. Moyennant que je sois exact à renouveler mes mandats et à payer mes intérêts régulièment tous les ans, je puis vivre tranquille chez moi, ma porte est fermée aux recors. Sans l'adoption de ce système, ma maison ou ma propriété allaient être vendues par voie d'expropriation et les frais de justice auraient tout consommé, sans pitié l'on m'aurait assigné la rue pour domicile comme à un vagabond, et malgré cela il n'y aurait pas eu de quoi payer tous les créanciers,

j'aurais été traité d'homme de mauvaise foi et ma ré-
putation est préservée.

Un propriétaire plus à son aise qui paie 360 fr. de
contributions, cette somme multipliée 333 fois, assigne
à sa propriété une valeur de 119,880 fr. , ce propriétaire
est riche, il n'a pas besoin d'emprunter, cependant la
loi exige que chacun se fournisse de valeurs à soi-même
pour une somme égale à dix fois le montant de sa contribution, ce qui fait 3,600 fr. en bons que ce propriétaire est obligé de s'endosser et d'en payer l'intérêt au
4 p. % au Comptoir national ; il paie cet intérêt à titre
de prime d'assurances contre l'incendie et tout ce qui
peut provenir de force majeure. S'il gère ses propriétés en
les exploitant lui-même, il peut employer ces 3,600 fr.
selon son bon plaisir ; s'il a un ou plusieurs fermiers
qui exploitent ses domaines, il sera obligé de leur ré-
partir cette somme suivant le prix de leur ferme, c'est
une bonification que l'Etat leur fait.

Cette masse de valeurs que chacun tâchera de mettre
en circulation, d'employer en réparation afin de les
rendre productives, porteront l'aisance, le bien-être et
le travail au sein des classes laborieuses ; l'usure, ce
ce cancer qui ronge nos paysans, ne fera plus sentir
sa main spoliatrice sur l'homme des champs, l'impré-
cation et le blasphème fuiront son habitation, car,
pour moraliser l'homme il faut, autant que cela est
possible, lui donner l'aisance par le travail en lui fa-
cilitant l'accès au capital.

Si la majorité de la société est malheureuse, c'est
de sa faute, elle ne réfléchit pas afin de bien comprendre.
Elle s'épouvante du mot socialisme qui n'est autre chose
que l'accomplissement du mot société ou la société mise
en pratique, sans blesser les intérêts de personne, au
contraire tout le monde y gagne.

Si ma Solution est bien comprise, du moment qu'elle
sera sanctionnée, l'Etat profitera des 14 milliards
dont la propriété est grevée, plus l'imposition obligatoire
que je propose dans ma solution, égale au revenu de dix

fois le montant de la contribution. Le Gouvernement toucherait l'intérêt de toutes ces sommes à 4 p. % par an.

Avec le bon vouloir, le Gouvernement peut faire des hereux quand il le voudra.

Travaillez pendant qu'il est jour, dit l'Evangile, car la nuit vient où personne ne peut travailler.

Ninive était dans la même position que nous; elle s'est amendée et elle a survécu.

L'amendement que je propose pourrait s'opérer dans quinze jours, et la France serait sauvée et heureuse.

Alais, typ. veuve Velrun.

# MODÈLE DU BON.

**B. P. 200 Fr.**  LIBERTÉ, ÉGALITÉ, FRATERNITÉ.

| NOM du DÉPARTEMENT. | NOM ET NUMÉRO. DU CANTON. | NOMS du DÉBITEUR. | MONTANT du BON. | MENTION de LA DATE. | SIGNATURE du DÉBITEUR. |
|---|---|---|---|---|---|
| Gard. | Lasalle, 160. | Pelatan (Pierre). | 200 fr. | 15 mars 1851. | Palatan. |

En vertu de la loi qui oblige les propriétaires a mobiliser une fraction de leur propriété pour la convertir en actions commerciales ayant cours, je consens à ce que l'Etat prenne une inscription sur ma propriété de la somme de 200 fr., montant d'un mandat que je me dispose de mettre en circulation en ma faveur, me réservant le droit de me libérer sitôt que ma position me le permettra.

Fait à Lasalle, le 15 mars 1851.

Vu bon pour un an :

*Le Procureur du Comptoir national de Lasalle, n° 160,*

PALADAN.

*Le Juge dè Paix,*

SALOMON.

*BON POUR DEUX CENTS FRANCS.*

MARTIN.

*Le Maire,*

BONIFAT.

(Timbre de la Mairie.)

Loi du 25 juillet 1851.

# MODÈLE DU CARNET SOCIAL
## Appartenant à MARTIN LORAIN, de Lasalle (Gard).

Ce carnet porte la signature de ceux de qui Martin a reçu les bons et à qui il les a donnés, et la signature de Martin est sur le carnet de ceux qui lui ont donné les bons ou sur le carnet de ceux à qui il les a donnés, et ainsi de suite. C'est l'alliance de la société et ce qui la rend solidaire et immuable, ayant son point d'appui sur la propriété rétablie à toujours.

## RECETTES.

| NOM du DÉPARTEMENT. | NOM ET NUMÉROS DU CANTON. | NOMS du DÉBITEUR. | MONTANT du BON. | MENTION de LA DATE. | SIGNATURE du DÉBITEUR. |
|---|---|---|---|---|---|
| Du 15 mars, Gard. | j'ai reçu de Paladan, Lasalle, 160. | procureur de la Salle. Paladan (Pierre). | 200 fr. | 15 mars 1851. | Paladan. |
| Du 1er avril, Gard. | j'ai reçu de Maurin, Sommières, 15. | de Sommières (Gard). Maurin (Jacques). | 400 fr. | 10 janvier 1851. | Maurin. |
| Du 1er mai, Lozère. | j'ai reçu de Jean Mende, 125. | Coulomb, de Nimes, Jean (Pierre).<br>*Appoint* . . . . . .<br>Total. . . . . . . | 500 fr.<br>60 fr.<br>560 fr. | 10 mars 1851.<br><br>*J'approuve,* | <br><br>Jean Coulomb. |

# DÉPENSES.

| NOM du DÉPARTEMENT. | NOM ET NUMÉROS DU CANTON. | NOMS du DÉBITEUR. | MONTANT du BON. | MENTION de LA DATE. | SIGNATURE du CRÉANCIER. |
|---|---|---|---|---|---|
| Du 15 juin, j'ai Lozère. | payé à Faisquet, de Mende, 125. | Ganges (Hérault). Jean (Pierre). Plus payé en centimes, TOTAL. . . . . . | 500 fr. 50 fr. 550 fr. | 10 mars 1851. *J'approuve,* | Faisquet. |
| Du 20 juin, j'ai Gard. | payé à Cassagnolle, Lasalle, 160. | de Ste-Croix-de-Barre (Lozère). Paladan (Pierre.) | 200 fr. | 15 mars 1851. | Cassagnolle. |
| Du 15 juillet, j'ai Gard. | payé à Jonquières, Sommières, 15. | de Beaucaire (Gard). Maurin (Jacques). | 400 fr. | 10 janvier 1851. | Jonquière. |
|  |  |  |  |  |  |

Si l'un des bons se trouvait faux, on pourrait savoir de qui on l'a reçu et à qui on l'a donné. Si c'était celui de 400 fr., on pourrait faire voir qu'on l'a reçu de Maurin, de Sommières, et qu'on l'a donné à Jonoquières, de Beaucaire; si c'était celui de 200 tr., on pourrait faire voir qu'on l'a reçu de Paladan ou du comptoir de Lasalle et qu'on l'a donné à Cassagnolle de Ste-Croix-de-Barre (Lozère).

# TABLEAU ANNUEL
## DU RECENSEMENT DU COMPTOIR NATIONAL
### DU CANTON DE LASALLE.

La contribution est de 20 $\times$ 333 = 6,660 — 200 = 6,460 de libre.

| NOMS ET PRÉNOMS des CONTRIBUABLES. | MONTANT des Contributions. | VALEUR de l'immeuble égal à 333 fois le montant de la Contribution. | MONTANT des CRÉANCES volontaires ou obligatoires. | RESTE DE LIBRE de la PROPRIÉTÉ. | REVENU de la COMMUNE. | MONTANT DU CRÉDIT de chaque contribuable | CRÉDIT QUI RESTE à chaque propriétaire. |
|---|---|---|---|---|---|---|---|
| Martin, Pierre.... | 20 » | 6,660 » | 200 » | 6,460 » | 8 » | 4,000 » | 3,800 » |
| S. Cateras......... | 135 » | 44,955 » | 1,550 » | 45,605 » | 54 » | 27,000 » | 25,650 » |
| Chabal, Paul...... | 360 » | 119,880 » | 3,600 » | 116,280 » | 144 » | 72,000 » | 68,400 » |
| Puech, David..... | 10 » | 3,330 » | 2,000 » | 1,330 » | 80 » | 2,000 » | » » |